AF336360

NOTICE

DES

PRINCIPAUX LIVRES

QUI COMPOSENT LE CABINET

DE FEÛ M. FRÉRON,

MEMBRE DE PLUSIEURS ACADÉMIES DU ROYAUME:

*Dont la Vente se fera Lundi 18 Novembre
& jours suivans de relevée, en une Salle
des Grands-Augustins.*

Au commencement de chaque Vacation on
vendra les articles qu'on n'a pu détailler,
& l'on commencera par le premier N°
de la Notice, & de suite.

BIBLIOTHEQUE ROYALE

A PARIS,

Chez Cl. M. SAUGRAIN, Libraire, Quai
des Augustins, au coin de la rue Pavée.

M. DCC. LXXVI.

NOTICE

DES PRINCIPAUX LIVRES

QUI COMPOSENT LE CABINET

DE FEU M. FRÉRON,

Membre de plusieurs Académies du Royaume.

ÉCRITURE SAINTE.

1 Biblia Sacra. *Parisiis*, Dézallier, 1691, *in* 4°.

2 Biblia Sacra. *Parisiis*, 1731, *in fol.* 2 vol.

3 Histoire de la Sainte Bible , en Vers Polonois. *Nancy*, 1761 , *in-fol.*

4 Missale Parisiense. *Parisiis* , 1762 , *in* 4°.

5 Sermons de Chapelain. *Paris* , 1768 , *in*-12, 6 vol.

6 Sermons de Sensaric. *Paris*, 1761 , 4 vol. *in*-12.

7 Sermons de Paul-César de Ciceri. *Avignon*, 1761 , 6 vol. *in*-12.

8 De Imitatione Christi , ex recensione, J. Valart. *Parisiis*, 1764, *in*-12, d. f. tr.

9 Dictionnaire des Sciences Ecclésiastiques, par le R. P. Richard. *Paris*, 1759, 6 vol. *in-fol.*

10 Dictionnaire de la Bible, par D. Calmet. *Paris*, 1730, 4 vol. *in-fol.* fig.

DROIT POLITIQUE.

11 Opere di Nicolo Machiavelli, in *Parigi*, 1768, *in-*12, 8 vol.

12 Traité du Droit Public de l'Empire d'Allemagne. *Hanovre*, 1751, 4 tomes, 2 vol. *in-*8°.

13 De l'origine des Loix, des Arts & des Sciences, par M. Goguet. *Paris*, 1758, *in-*4°, 3 vol.

14 Dictionnaire raisonné des Eaux & Forêts, par Chailland. *Paris*, 1769, *in-*4°, 2 vol.

SCIENCES ET ARTS.

15 Histoire critique de la Philosophie, par Deslandes. *Amsterdam*, 1756, 4 vol. *in-*12.

16 Idée d'une République heureuse, ou l'Utopie de T. Morus, traduit en François, par Gueudeville. *Amsterd.* 1730, *in-*12, *fig.*

17 Les Œuvres de Platon, par Dacier. *Paris*, 1701, 2. vol. *in-*12.

18 Selecta Senecæ Philosophi Opera. *Parisiis*, 1761, *in-*12.

19 Les Caractères de Théophraste. *Paris*, 1765, *in-*4°.

X 20 Le Spectateur, ou le Socrate moderne. *Paris*, 1755, *in-4°*, 3 vol.

21 The Spectator. *London*, 1749, *in-12*, 7 vol.

22 T. Lucretii Cari de Rerum Natura, cum Notis Creech. *Londini*, 1717, *in-8°*.

X 23 Lucréce, trad. en Franç. par M. Lagrange. *Paris*, 1768, *in-8°*, 2 vol.

24 Di Tito Lucrezio Caro della Natura delle cofe, tradotti da Alleffandro Marcheti. *in Parigi*, 1761, *in-12*.

25 L'Efprit de l'Encyclopédie. *Paris*, 1768, *in-12*, 6 vol.

X 26 Dictionnaire de Phyfique, par Paulian. *Avignon*, 1761, *in-4°*, 3 vol.

X 27 Hiftoire univerfelle du Régne Végétal, par **M. Buchos.** *Paris*, 1773, 7 vol. *in-fol.* br.

28 Hiftoire Naturelle, générale & particulière, par M. de Buffon. *Paris*, 1774, *in-4°*, 3 vol. br.

29 Abrégé de l'Hiftoire des Infectes. *Paris*, 1747, *in-12*, 4 vol.

30 Dictionnaire des Drogues fimples, par l'Emery. *Paris*, 1759, *in-4°*.

31 Tables of Logarithms Bi William Gardiner. *London*, 1742, *in-4°*.

32 L'Art du Trait de Charpenterie, par M. Fourneau. *Rouen*, 1767, 2 vol. *in-fol.* br.

X 33 XXIV. Cahiers des Arts ; fçavoir, l'Art

du Chamoiseur. — De la Porcelaine. — Du Coutelier 3 parties. — Des différentes sortes de colles. — De l'Epinglier. — De rafiner le sucre. — Du Tonnelier. — Cuirs dorés. — Du Cartier. — Du Perruquier. — Du fer fondu. — De faire le Papier. — De faire l'Ardoise. — Du Meûnier. — Cirier. — Du Cartonnier. — Du Facteur d'Orgue. — Du Tuillier, Briquetier. — De la Teinture en soie. — De la Pêche, en deux parties. — Du Charbonnier.

BELLE S-LETTRES.

34　Cours d'Etudes des jeunes Demoiselles, par l'Abbé Fromageot, 8 vol. mar. rouge, *in-*12.

35　Grammaire générale, ou Exposition raisonnée des Eléments néceffaires du Langage, par Bauzée. *Paris*, 1767, *in-*8°, 2 vol.

36　Schrevelii Lexicon, Græco-Latinum, *Lut. Parifiorum*, 1767, 2 vol. *in-*8°.

37　Dictionnaire Univerfel, François & Latin, par le Brun. *Paris*, 1770, *in-*4°.

38　Traité de l'Orthographe Françoife, en forme de Dictionnaire, par Reftaut. *Poitiers*, 1775, *in-*8°.

39 Dictionnaire pour l'intelligence des Auteurs Classiques, par M. Sabbathier. *Paris*, 1764, *& suiv.* 14. vol. *in-8°*, br.

40 Dictionnaire Universel de Furetiere, augmenté par Basnage de Beauval & Brutel de la Riviere. *La Haye*, 1727, 4 vol. *in-fol.*

41 Dictionnaire Universel de Trévoux. *Paris*, 1752, 7 vol. *in-fol.*

42 Dictionnaire Etimologique de la Langue Françoise, par Ménage. *Paris*, 1750, 2 vol. *in-fol.*

✗ 43 Dictionnaire de l'Académie Françoise. *Paris*, 1762, *in-fol.* 2 vol.

44 Le grand Vocabulaire François, par une Société de Gens de Lettres. *Paris*, 1767, & années suivantes, 30 vol. *in-4°*, br.

45 Dictionnaire de la Langue Bretonne, par D. L. Pelletier. *Paris*, 1752, *in-fol.*

46 Dictionnaire François-Breton, par Grégoire de Rostrenen. *Rennes*, 1732, *in-4°*.

47 Dictionnaire des Rimes, par Richelet. *Paris*, 1760, *in-8°*.

48 Nouveau Dictionnaire François-Italien, Italien & François, par Alberti. *Paris*, 1771, *in-4°*, 2 vol. br.

49 Dictionnaire Italien & François de Véneroni, revu par Placardi. *Paris*, 1749, 2 tom. 1 vol. *in-4°*.

Dictionnaire Italien, Latin & François,

par Antonini. *Paris*, 1743, 2 vol. *in-4°.*

50 Dictionnaire Angl. Franç. Franç. Angl., par Boyer. *Lyon*, 1768, *in-4°*, 2 vol.

51 Dictionnaire Comique, Satirique & Critique, par le Roux. *Amst.* 1750, *in-8°.*

52 M. Tulli Ciceronis Opera cum notis, Lallemand. *Paris*, 1768, *in-12*, 14 vol.

53 M. T. Ciceronis orator, & Dialogi de oratore. *Parisiis*, 1763, *in-12.*

54 Lettres de Cicéron à Atticus, par M. l'Abbé Mongault. *Paris*, 1775, 4 vol. *in-12*, br.

55 Les Poësies d'Anacréon & de Sapho, trad. en Franç. avec des Remarques, par M. Dacier. *Amst.* 1716, *in-8°.*

56 Heliodori Æthiopicorum à J. Bourdelotio. *Lutetiæ, Parisiorum*, 1619, *in-8°*, gr. lat.

57 Le Théâtre des Grecs, par le P. Brumoy. *Paris*, 1730, *in-4°*, 3 vol.

58 Quinti Horatii Carmina, cum Scholiis Willielmi Baxter. *Lipsiæ*, 1752, *in-8°.*

59 Quinti Horatii Flacci Carmina. *Parisiis*, 1763, *in 12.*

60 Quinti Horatii Poemata. *Aurelianis*, 1767, *in-12.*

61 Quinti Horatii Flacci Poemata, à J. Bond. *Amstelod.* 1676, *in-18*, mar. v. d. f. tr.

62 Publii Virgilii, Opera cum Notis Ruæi, *Hagæ Comitum*, 1723, *in-8°*, *fig.*

63 Les Georgiques de Virgile, traduites en vers François, par M. de Lille. *Paris*, 1770, *in* 8°.

✕ 64 Les Œuvres de Virgile, trad. en Franç. par l'Abbé Desfontaines. *Paris*, 1743, *in*-8°, 4 vol.

65 Les Comédies de Térence, traduites en Franç., par M. Dacier. *Amsterd.* 1717, *in*-8°, 3 vol.

66 Les Comédies de Térence, traduites en Franç., par M. l'Abbé le Monier. *Paris*, 1771, *in* 8°, 3 vol.

67 Satyres de Juvenal, traduites par M. du Saulx. *Paris*, 1770, *in*-8°.

68 Francisci-Josephi Desbillons, Fabular. Esopiarum, libri quinque. *Parisiis*, 1759, *in*-12.

69 Sarcotis carmen editio altera, cura & studio J. Dinouart. *Parisiis*, 1757, *in*-12.

70 Theod. Bezæ Vezelii Poemata, *Lugd. Batav.* (*Paris*) 1757, *in*-12, v. d. s. tr.

71 Mathiæ-Casimiri Sarbievii Carmina. *Parisiis*, 1759, *in*-12.

72 Ausonii Opera, cum notis Souchay, ad usum Delphini. *Parisiis*, 1730, *in*-4°.

73 Claudiani quæ extant cum notis Gesneri. *Lipsiæ*, 1759, *in*-8°, 2 vol.

74 Auli Gellii Noct. Atticæ, cum notis Proust, ad usum Delphani. *Parisiis*, 1681, *in*-4°.

75 Orlando Furioso di Lud. Ariosto. *in Parigi*, 1768, *in*-12, 4 vol.

A v

76 Orlando Inamorato di Francesco Berni. *in Parigi*, 1768, *in-*12., 4 vol.

77 Le Rime di Francesco Petrarca. *in Parigi*, 1768, *in-*12, 2 vol.

78 La divina Comedia di Dante Alighieri. *in Parigi*, 1768, *in-*12, 2 vol.

79 Il Torracchione Desolato, di Bartolommeo Corsini. *in Parigi*, 1765, *in-*12, 2 vol.

80 Il Pastor Fido, di Cav. Guarini. *in Parigi*, 1768, *in-*12.

81 Satire del Cavalier Dotti. *Genevra*, 1757, *in-*12.

82 Il Marmantile racquistato, di Lorenzo Lippi. *In Parigi*, 1758, *in-*12.

83 Poesie del Signor Abbate Metastasio. *in Parigi*, 1768, *in-*12, 6 vol.

84 La Secchia Rapita di Alessandro Tassoni. *in Parigi*, 1768, *in-*12.

85 Ricciardetto, di Nicolo Carteromaco. *in Parigi*, 1767, *in-*12, 3 vol.

86 Il Decamerone di Boccaccio. *in Parigi*, 1768, *in-*12, 3 vol.

87 Aminta di Torquato Tasso. *in Parigi*, 1768, in medesimo volume si trovano il templo di Gnido, il Congresso di Citera.

88 La Gerusalemme Liberata, di Torquato Tasso. *in Parigi*, 1771, *in-*8°, 2 vol.

89 La Gerusalemme Liberata, di Torquato Tasso *in Parigi*, 1768, *in-*12, 2 vol.

90 Il Morgante Maggiore di Luigi Pulci. *in Parigi*, 1768, *in*-12, 3 vol.

91 L'Adone Poema del Marino. *Parigi*, 1623, *in-fol. lavé réglé.*

92 Vocabulario portatile per agevolare, la lettura de Gli autori Italiani ed in specie de Dante. *in Parigi*, 1768, *in*-12.

93 Histoire du Théâtre François. *Amsterd.* 1735, 15 vol. *in*-12.

94 Poétique Françoise, par M. Marmontel. *Paris*, 1763, *in*-8°, 2 vol.

95 Les Œuvres de Jean Racine avec des Commentaires, par M. Luneau de Boisjermain. *Paris*, 1768, *in*-8°, 7 vol.

96 Œuvres de Boileau Despréaux. *Paris*, 1747, 5 vol. *in*-8°.

97 Œuvres de Pierre & de Thomas Corneille. *Paris*, 1758, 19 vol. *in*-12.

98 Théâtre de P. Corneille, avec les Commentaires de M. de Voltaire. (*Genève*) 1764, 12 vol. *in*-8°, *fig.*

99 Le Théâtre de Quinault. *Paris*, 1739, *in*-12, 4 vol.

100 Théâtre de le Grand. *Paris*, 1742, *in*-12, 4 vol.

101 Œuvres de Boissy. *Paris*, 1758, 9 vol. *in*-8°, *fig.*

102 Œuvres de la Chauffée. *Paris*, 1762, 5 vol. *in*-12.

103 Œuvres de Dancourt. *Paris*, 1760, 12 vol. *in*-12.

104 Œuvres de Brueys & de Palaprat. *Paris,* 1755, 5 vol. *in-*12.

105 Œuvres de Deftouches. *Paris,* 1758, 10 vol. *in-*12.

106 Les Œuvres de Dufreny. *Paris,* 1747, *in-*12, 4 vol.

107 Théâtre de M. Favart. *Paris,* 1763, 8 vol. *in-*8°.

108 Poëfies de Malherbe. *Paris,* Barbou, 1757, *in-*8°.

109 Œuvres de Théâtre, de Sáint-Foix. *Paris,* 1762, 4 vol. *in-*12.

110 Théâtre de Fagan. *Paris,* 1759, 4 vol. *in-*12.

111 Œuvres de Pavillon. *Paris,* 1750, *in-*12. 2 vol. m.

112 Les Œuvres de M. Honorat de Beüil, Chevalier, Seigneur de Racan. *Paris,* 1724, *in-*12. 2 vol.

113 Théâtre de Société, par Collé. *Paris,* 1768, 2 vol. *in-*8°.

114 Le Théâtre Anglois. *Paris,* 1745 *in-*12. 8 vol.

115 Mémoires de Littérature. *la Haye* 1715. *in-*8°. 2 vol.

116 Œuvres de M. Houdar de la Motte. *Paris,* 1764, 11 vol. *in-*12.

117 Maupertuifiana. *Hambourg,* 1753 *in-*8°.

118 Œuvres de Maupertuis. *Lyon,* 1756, 4 vol. *in-*8°.

119 Œuvres de M. de Voltaire. (*Genève*) 1757, 24 vol. *in*-12.

120 Œuvres de Fontenelle. *Paris*, 1752, 10 vol. *in*-12.

121 Œuvres de M. J. J. Roußeau, de Genève. *Neufchâtel*, 1764, 14 vol. *in*-8°. *fig*.

122 Les Œuvres de Rabelais. *Bruxelle*, 1710, *in*-12. 6 vol.

123 Œuvres de Pope. *Amſterdam*, 1767, 8 vol. *in*-12.

124 Œuvres de l'Abbé de Saint-Réal. *Paris*, 1757, 8 vol. *in*-12.

125 Œuvres de Saint-Evremont. (*Paris*) 1753, 12 vol. *in*-12.

126 Réflexions Critiques ſur la Poëſie, & ſur la Peinture, par l'Abbé Dubos. *Paris*, 1755, *in*-4°. 3 vol.

127 Le Parnaße François, par du Tillet. *Paris*, 1732, *in-fol.*

128 Le Paradis Perdu de Milton, traduit en françois, par Racine. *Paris*, 1755, *in*-12. 3 vol.

129 Bibliothéque de Campagne, ou Amuſement de l'Eſprit & du Cœur. *Genève*, 1761, 24 vol. *in*-12.

130 Les Illuſtres Françoiſes. *la Haye*, 1748, 4 vol *in*-12.

131 Les Cent Nouvelles, Nouvelles, par Mme de Gomez. *Paris*, 1737, *in*-12. 18 vol.

132 Lettres Hiftoriques & Galantes , par
Madame Dunoyer. *Amfterdam* 1732.
6 vol. *in-12.*

133 Recueil de Lettres de Madame de
Sevigné. *Paris* , 1763 , 8 vol. *in-18.*

HISTOIRE.

134 Dictionnaire Géographique , Hiftorique
& Politique , des Gaules & de la France ,
par M. l'Abbé Expilly. *Avignon* , 1763
& fuiv. 5 vol. *in-fol.*

135 Géographie Hiftorique , Eccléfiaftique
& Civile , par Dom Vaiffete. *Paris* ,
1755 , *in-*4°. 4 vol.

136 Journal du Voyage de Michel de Mon-
taigne en Italie. *Paris* , 1774 , *in-*4°.

137 Voyage à la Nouvelle Guinée , par M.
Sonnerat , *Paris* , 1776 , *in-*4°.

138 Voyage d'Italie , par M. de la Lande.
Paris , 1769 , 8 vol. *in-12.*

139 Dictionnaire Hiftorique & Géographique de l'Italie. *Paris* , 1775 , 2 vol.
*in-*8°.

140 Lettres Edifiantes & Curieufes , par les
RR. PP. Jéfuites. *Paris* , 1717 & fuiv.
27 tom. en 25 vol. *in-12.*
Nouveaux Memoires des Miffions de la
Compagnie de Jéfus. *Paris* , 1753 , 9
vol. *in-12.*

141 Mémoires pour servir à l'Histoire Ec-
     cléfiastique, par le Nain de Tillemon.
     Paris, 1701, *in*-4°. 16 vol.

142 Histoire des Empereurs, par le Nain
     de Tillemon. *Paris*, 1720, *in*-4°. 6. vol.

143 Histoire du Peuple de Dieu, par le
     Pere Beruyer. *Paris*, 1728, *in*-4°. 11. vol.

~~144~~ Les Traits de l'Histoire Univerfelle,
     Sacrée & Profane, par le Maire. *Paris*,
     1760, 6 vol. *in*-8°. v. f. d. f. tr. *fig.*

145 Histoire Univerfelle, Sacrée & Profané,
     par Hardion. *Paris*, 1754, 18 vol.
     in-12.

146 Histoire des Juifs, traduite par Arnauld
     d'Andilly. *Paris*, 1744, 6 vol. *in*-12.

147 Clauftrum Carthufiæ Parifiorum, à
     celeberrimo, le Sueur. *Parifiis*, 1756,
     in-fol. fig.

148 Histoire de la Ville de Paris, par D.
     M. Félibien. *Paris*, 1725, 5 vol. *in-fol.*
     gr. pap. *fig.*

148* Histoire Générale & Particuliere dé la
     Ville de Calais, & du Calaifis, par M.
     Lefebvre. *Paris*, 1766, *in*-4°. 2 vol.

149 Histoire de Bretagne, par D. Lobineau,
     Paris, 1707, 2 vol. *in-fol.*

149* La même Histoire de Bretagne avec les
     preuves par D. Morice, *Paris*, 1750,
     5 vol. *in-fol.*

150 Histoire de France, par l'Abbé Velly.
     Paris, 1755, *in*-12. 18 vol.

151 Histoire de Louis de Bourbon, Prince de Condé, par M. Desormeaux. *Paris,* 1766, 4 vol. *in-12.* doré sur tranche.

152 Histoire de la Maison de Bourbon, par M. Desormeaux. *Paris,* 1772, *in-4°.* 2 vol.

153 Histoire de François Premier, par M. Gaillard. *Paris,* 1769, *in-12.* 8 vol.

154 Vie de Marie de Médicis. *Paris,* 1774, 3 vol. *in-8°.*

155 Les Mémoires de Comines, augmentés par l'Abbé Lenglet. *Paris,* 1747, *in-4°.* 4 vol.

156 Mémoires de Madame de Maintenon. *Amsterdam,* 1755, 15 vol. *in-12.*

157 Mémoires du Cardinal de Retz, & Joly. *Genève,* 1751, 7 vol. *in-12.*

158 Monumens érigés en France, à la gloire de Louis XV. *Paris,* 1765, *in-fol. fig.*

159 Tablettes Chronologiques de l'Histoire Universelle, par l'Englet Dufresnoy. *Paris,* 1763. 2 tom. 3 vol. *in-8°.*

159* L'Art de vérifier les Dates, par un Bénédictin, *Paris,* 1770, *in-fol.* v. e. d. f. tr.

160 Histoire Ancienne, par Rollin. *Paris,* 1748. 13 tom. 14 vol. *in-12.*

161 Histoire Romaine, de Laurent Echard. *Paris,* 1744, 16 vol. *in-12.* veau & filets.

162 Cornelii Taciti Opera, cum Notis Brotier. *Parisiis,* 1771, *in-4°.* 4 vol.

163 Cornelii Taciti quæ extant Opera recensuit, Lallemand. *Parisiis*, 1760, *in*-12. 3 vol.

164 Opere di Cornelio Tacito, tradotte da Bernado Davanzati *in Parigi*, 1760, *in*-12. 2. vol.

165 Quinti Curtii, de rebus gestis Alexandri Magni. *Parisiis*, 1757, *in*-12.

166 Julii Cæsaris, Commentariorum de Bello Civili, Libri tres. *Parisiis*, 1755, *in*-12, 2 vol.

167 Histoire des douze Césars, trad. en François, par M. de la Pause. *Paris*, 1771, *in* 8°, 4 vol.

168 Titi-Livii Patavini Historiarum, recensuit J. N. Lallemand. *Parisiis*, 1775, 7 vol. *in*-12, br.

169 Les Décades de Tite-Live, de la trad. du P. du Ryer. *Rouen*, 1722, 8 vol. *in*-12.

170 Histoire d'Ecosse, par Robertson. *Lond.* (*Paris*) 1764, 3 vol. *in*-12.

171 Histoire de la Maison de Tudor, par Hume. *Paris*, 1763, *in*-4°, 2 vol.

172 Histoire de la Maison de Plantagenet, par Hume. *Paris*, 1765, *in*-4°, 2 vol.

173 Histoire de la Maison de Stuart sur le Trône d'Angleterre, par Hume. *Paris*, 1760, *in*-4°, 3 vol.

174 Histoire d'Angleterre de Smolett, trad. par M. Targe. *Orléans*, 1759, & *suiv.* 24 vol. *in*-12.

175 Defcription Géographique , Hiftorique, &c. de l'Empire de la Chine & de la Tartarie Chinoife , par le P. Duhalde. *Paris* , 1735 , 4 vol. *in-fol. fig.*

176 Defcription de l'Egypte, par M. l'Abbé le Mafcrier. *Paris*, 1740, 2 vol. *in-12, fig.*

177 Hiftoire Généalogique de plufieurs Maifons illuftres de Bretagne, par du Paz. *Paris*, 1719, *in fol.*

178 Armorial général de la France, par M. d'Hozier. *Paris* , 1738 , *& fuiv.* 8 vol. *in-fol.*

179 Hiftoire de la Nobleffe de Provence. *Avignon* , 1757 , *in-4°*, 2 vol.

180 L'Europe Illuftre , contenant l'Hiftoire abrégée des Souverains , des Prélats, depuis le 15*me* fiécle, par M. Dreux Duradier , gravés par les foins d'Odieuvre. *Paris*, 1765 , *in 4°*. 6 vol.

181 La Vie des Hommes Illuftes de la France, par Peraul, d'Auvigny & autres. *Paris*, 1739 & fuiv. 26 vol. *in-12.*

182 Les Vies des Hommes Illuftres de Plutarque , avec des Remarques Hiftoriques & Critiques, par M. Dacier. *Amft.* 1735, *in-4°*. 9 vol.

183 Vies des Peintres Flamands, Allemands & Hollandois , par Defcamps. *Paris*, 1753 , 2 vol. *in-8°. fig.*

184 Hiſtoire de l'Académie des Inſcriptions &
Belles-Lettres. *Paris*, 1736, *in-4°.* 32 vol.

185 Bibliothéque Françoiſe, de la Croix du
Maine & de Duverdier, par M. de
Juvigny. *Paris*, 1772, 6 vol. *in-4°. br.*

186 Bibliothéque Françoiſe ou Hiſtoire de
la Littérature Françoiſe, par l'Abbé
Goujet. *Paris*, 1741, *in-12.* 18 vol.

187 Hiſtoire Littéraire de la France. *Paris*,
1735, *in-4°.* 12 vol.

188 Hiſtoire Littéraire des Femmes Françoiſes, par une ſociété de Gens de
Lettres. *Paris*, 1769, 5 vol. *in-8°.*

189 Hiſtoires des Femmes qui ſe ſont ren-
dues célébres dans la Littérature Françoiſe. *Paris*, 1771, *in-8°.* 5 vol.

190 Choix des Anciens Mercures, 109 tom.
en 55. vol. *in-12.*

191 Dictionnaire & Œuvres de Bayle.
Amſterdam, 1734 & 1737, 9 vol. *in-fol.*

192 Dictionnaire Hiſtorique ou mêlange
curieux de l'Hiſtoire Sacrée & Profane,
par Moreri. *Paris*, 1759, *in-fol.* 10 vol.

193 Dictionnaire Hiſtorique. *Paris*, 1771,
in-8°. 6 vol.

F I N.

Lu & approuvé, ce 6 Novembre 1776.

Signé, DEBURE, fils aîné. *Adjoint.*

De l'Imprimerie de LOTTIN l'aîné, 1776.

BIBLIOTHEQUE ROYALE

www.ingramcontent.com/pod-product-compliance
Lightning Source LLC
LaVergne TN
LVHW010133060726
842524LV00005B/1893